BEI GRIN MACHT SICH IHR WISSEN BEZAHLT

AF135550

- Wir veröffentlichen Ihre Hausarbeit,
  Bachelor- und Masterarbeit

- Ihr eigenes eBook und Buch -
  weltweit in allen wichtigen Shops

- Verdienen Sie an jedem Verkauf

Jetzt bei www.GRIN.com hochladen und kostenlos publizieren

Bibliografische Information der Deutschen Nationalbibliothek:

Die Deutsche Bibliothek verzeichnet diese Publikation in der Deutschen National-
bibliografie; detaillierte bibliografische Daten sind im Internet über http://dnb.d-
nb.de/ abrufbar.

Impressum:

Copyright © 2019 GRIN Verlag
Druck und Bindung: Books on Demand GmbH, Norderstedt Germany
ISBN: 9783346002761

Dieses Buch bei GRIN:

https://www.grin.com/document/495269

Lars Rüdiger

Die Zerstörung des Planeten durch Plastik. Verwendung, Maßnahmen und Auswirkungen

GRIN Verlag

GRIN - Your knowledge has value

Der GRIN Verlag publiziert seit 1998 wissenschaftliche Arbeiten von Studenten, Hochschullehrern und anderen Akademikern als eBook und gedrucktes Buch. Die Verlagswebsite www.grin.com ist die ideale Plattform zur Veröffentlichung von Hausarbeiten, Abschlussarbeiten, wissenschaftlichen Aufsätzen, Dissertationen und Fachbüchern.

Besuchen Sie uns im Internet:

http://www.grin.com/

http://www.facebook.com/grincom

http://www.twitter.com/grin_com

Rosenstein-Gymnasium Heubach

Seminarkurs 2018/2019

Inwiefern zerstört Plastik unseren Planeten?

Lars Rüdiger

Inhaltsverzeichnis

1 Einleitung

Plastik ist der umgangssprachliche Name für verschiedenste Kunststoffe[1], die zum Großteil aus fossilen Rohstoffen, wie Erdöl gewonnen werden.[2] Sie bestehen aus vielen tausend gleichen chemischen Bausteinen und kommen so in der Natur nicht vor.[3] Der gängigste Vertreter von Plastik ist Polyethylen und wird in vielen Haushaltsgegenständen verwendet.[4] Der erste Kunststoff namens Bakelits wurde 1907 vom belgischen Chemiker Leo Baekeland entwickelt[5]. Dieser bezeichnete damals schon Plastik als das Material der tausend Möglichkeiten.[6] Bakelit fand aber erst zehn Jahre später Verwendung im Gangschaltungsknopf des neuesten Rolls-Royce-Modells.[7] Der große Durchbruch des Plastiks kam jedoch erst in den fünfziger Jahren und spiegelte damals die Moderne wieder.[8]

In der nachfolgenden Hausarbeit wird das aktuell sehr umstrittene Thema, wie sich das Plastikproblem auf die Erde auswirkt thematisiert. Dabei gewinnt diese Problematik aktuell zunehmend an Bedeutung, in einer Welt, in der Umweltschutz und Klimawandel das politische Umfeld deutlich prägen.

Zu Beginn der Arbeit wird die Verwendung von Plastik, in den verschiedensten Gebieten und Ausführungen aufgeführt. Daraufhin sollen die Maßnahmen gegen das Plastikproblem erläutert werden. Hierbei werden die politischen Maßnahmen am Beispiel der Europäischen Union und den Vereinten Staaten von Amerika analysiert. Zudem werden auch Maßnahmen, die jeder einzelne Mensch gegen Plastik treffen kann und verschiedenste Plastikalternativen angesprochen. Im Anschluss soll als dritter Überpunkt, die Auswirkungen von Plastik auf die menschliche Gesundheit, das Tierwesen und auf ganze Ökosysteme erläutert werden. Diese Auswirkungen und die erwartenden Verbrauchszahlen sollen im anschließenden Teil für die Zukunft prognostiziert werden. Gegen Ende werden nochmals im Fazit die bearbeitenden

---

[1] Vgl. Scott, Belcher: Was ist Plastik?, o.O., o.J., http://www.plasticplanet.de/hintergrund.html, Rev. 04.01.2019.
[2] Vgl. Redaktion SimplyScience: Was ist eigentlich Plastik?, o.O., 2014, https://m.simplyscience.ch/kids-zahlen-technik/articles/was-ist-eigentlich-plastik.html?_locale=de, Rev. 04.01.2019.
[3] Vgl. Helmich, Ulrich: Was sind Kunststoffe?, o.O., 2019, http://www.u-helmich.de/che/Q2/kunststoffe/kunststoffe-01.html, Rev.04.01.2019.
[4] Vgl. Corell, Ida-Marie: Alltagsobjekt Plastiktüte, Wien, SpringerWienNewYork, 2011, S.47.
[5] Vgl. Pütz, Jean: Der Plastik-Report Schöne neue Kunststoffwelt?, Köln, VGS, 1989, S.17.
[6] Vgl. Redaktion Architektur-online: Kunststoff – Das Material der tausend Möglichkeiten, o.O., 2012, http://www.architektur-online.com/kolumnen/design/kunststoff-das-material-der-tausend-moeglichkeiten, Rev. 31.01.2019
[7] Vgl. Pütz, Jean: Der Plastik-Report Schöne neue Kunststoffwelt?, S. 17f.
[8] Vgl. ebd. S.24.

Punkte in ihrer Kernaussage zusammengefasst, um schließlich die Leitfrage: „Inwiefern Plastik unseren Planeten zerstört" zu beantworten.

2 Verwendung von Plastik

Plastik wird in fast allen Gebieten des menschlichen Lebens eingesetzt und begegnet uns tagtäglich überall. Daher wäre ein Leben ohne Kunststoffe heutzutage sehr schwer. Im Folgenden sollen die drei verschiedenen Verwendungsgebiete von Plastik dargestellt werden.

2.1 Verpackungen und Einwegprodukte

Die wichtigste und häufigste Verwendung von Plastik ist als Einwegprodukt oder als Verpackung, dabei ist eine Verpackung eine Substanz die eine andere umschließt.[9] Also genauer gesagt, eine Hülle für ein Produkt.[10] Früher dienten Verpackungen rein als Schutzhülle, aber heutzutage steckt viel mehr dahinter.[11] Denn heute hat das Verpackungsdesign den eigentlichen Zweck der Verpackung verdrängt, um das Produkt interessanter, wertvoller darzustellen und den Kunden vom Kauf zu überzeugen.[12] Im Laufe der Jahre hat der Mensch entsprechend seinen Bedürfnissen Verpackungen entworfen, die meistens aus Plastik bestehen.[13] Nämlich auch in vielen Kartonverpackungen befinden sich zusätzlich Plastikverpackungen.[14] Bei der Betrachtung der Staaten, die in Europa am meisten Plastikmüll verbrauchen, fällt auf, dass an dritter Stelle Deutschland steht.[15] Dabei verbraucht jeder Deutsche im Schnitt etwa 37,4 Kilogramm Plastik pro Jahr in Form von Verpackungsmüll.[16] Davor befindet sich noch Estland und Spitzenreiter Irland mit einem durchschnittlichen Plastikverbrauch von fast 61 Kilogramm pro Jahr.[17] In Deutschland sind allein 2017 rund 105 500 Tonnen Kunststoffmüll durch Einweggeschirr und To-Go-Verpackungen entstanden.[18] Davon wird über die Hälfte in

---

[9] Vgl. Corell, Ida-Marie: Alltagsobjekt Plastiktüte, S.55.
[10] Vgl. ebd.
[11] Vgl. ebd.
[12] Vgl. Corell, Ida-Marie: Alltagsobjekt Plastiktüte, S. 57.
[13] Vgl. ebd., S. 55.
[14] Vgl. ebd.
[15] Vgl. Bünder, Helmut: Grenzen des Recyclings: Deutschland versinkt im Plastikmüll, o.O., 2018, https://www.faz.net/aktuell/wirtschaft/deutschland-versinkt-im-plastikmuell-15374075.html, Rev. 07.02.2019.
[16] Vgl. ebd.
[17] Vgl. ebd.
[18] Vgl. Nabu Redaktion: 350 000 Tonnen Abfall allein durch Einwegprodukte, o.O., o.J., https://www.nabu.de/news/2018/10/25298.html, Rev. 07.02.2019.

Müllverbrennungsanlagen verbrannt und nur circa 36 Prozent werden recycelt.[19] Bei der Verbrennung entstehen wieder viele Treibhausgase, die die Klimaerwärmung fördern und schädliche Abgase in unsere Atmosphäre bringen.[20] Der wichtigste Anwendungsbereich von Verpackungskunststoff ist die Plastiktüte, in Deutschland werden davon etwa sechs Milliarden jährlich verbraucht.[21] Doch im Gegensatz zu den Vereinigten Staaten von Amerika ist das wenig.[22] Dort werden jährlich 100 Milliarden Plastiktüten verbraucht.[23] Das liegt daran, dass der Kunde alles in Plastiktüten eingepackt bekommt, egal ob es Lebensmittel, Kleidung, Getränke oder Spielzeuge sind.[24] Zudem werden in amerikanischen Supermärkten nur drei oder vier Lebensmittel in eine Kunststofftüte verpackt, damit diese nicht reißt.[25] So kommt es, dass bei einem durchschnittlichen Einkauf mehr als zehn Plastiktüten benötigt werden.[26] Das ist jedoch nicht nur das einzige Plastikproblem in den Vereinigten Staaten, denn auch die meisten Essensverpackungen und Besteck, in Kantinen[27] oder Restaurants sind aus Kunststoff.[28] Dort werden oftmals Getränke in Plastikbecher serviert oder Kunststoffbesteck für den einmaligen Gebrauch ausgegeben.[29] Dieses wird nach Gebrauch einfach, ohne getrennt zu werden in eine große Mülltonne geschmissen, das ist bequemer, spart Personal und Geld.[30]

2.2 Mikroplastik

Eine weitere Verwendung von Plastik ist in Form von Mikroplastik, dazu gehören per Definition Plastikpartikel, deren Größe kleiner als fünf Millimeter ist.[31] Dabei wird zwischen zwei

---

[19]Vgl. Focus Redaktion: Immer mehr Plastikabfälle: Weil China ihn nicht mehr nimmt: Deutschland erstickt im Plastikmüll, o.O., 2018, https://www.focus.de/finanzen/news/plastikmuell-deutschland-erstickt-im-plastikmuell_id_8943516.html, Rev. 07.02.2019.
[20] Vgl. Nabu Redaktion: Auslaufmodell Müllverbrennung, o.O., o.J., https://www.nabu.de/umwelt-und-ressourcen/abfall-und-recycling/verbrennung/21106.html, Rev. 07.02.2019.
[21] Vgl. Schulz, Christoph: Plastikmüll, Zahlen, Fakten & Studien 2017/2018, o.O., 2018, https://www.careelite.de/plastik-muell-fakten/, Rev. 07.02.2019.
[22] Vgl. Richter, Sophie: United States of Plastic – Wie Amerikaner die Umwelt verschandeln, o.O., 2017, https://orange.handelsblatt.com/artikel/33993, Rev. 07.02.2019.
[23] Vgl. ebd.
[24] Vgl. ebd.
[25] Vgl. ebd.
[26] Vgl. ebd.
[27] Vgl. ebd.
[28] Vgl. Jahberg, Heike: Die USA prassen mit Plastik, Europa spart, o.O., 2018, https://www.tagesspiegel.de/wirtschaft/plastiktueten-plastikbecher-plastikbesteck-die-usa-prassen-mit-plastik-europa-spart/22763440.html, Rev. 09.02.2019.
[29] Vgl. ebd.
[30] Vgl. Richter, Sophie: United States of Plastic – Wie Amerikaner die Umwelt verschandeln https://orange.handelsblatt.com/artikel/33993, Rev. 09.02.2019.
[31] Vgl. Flatley, Annika: Was ist Mikroplastik – Eine Definition?, o.O., 2018, https://utopia.de/ratgeber/was-ist-mikroplastik-definition/, Rev. 10.02.2019.

verschiedenen Arten unterschieden.[32] Einerseits gibt es das primäre Mikroplastik, das gezielt von der Industrie hergestellt wird und in beispielsweise in Kosmetikartikeln oder in Reinigungsmitteln Verwendung findet.[33] Andererseits gibt es noch das sekundäre Mikroplastik, welches ungewollt beim Zerfall größerer Kunststoffteile entsteht.[34] Dazu gehört nicht nur der Zerfall einer Plastiktüte im Meer, sondern auch der Verschleiß von Autoreifen.[35] Im Folgenden wird nur die Verwendung von Mikrokunststoff, also das primäre Mikroplastik erörtert. Dabei ist Mikroplastik in vielen Gegenständen enthalten, die uns tagtäglich begegnen.[36] Ein erstes Beispiel wäre der Putzlappen oder Putzschwamm, die sogenannten Mikrofasertücher bestehen häufig aus Plastikfasern.[37] Diese werden beim Schrubben abgenutzt und kleinste Plastikpartikel gelangen in den Abfluss.[38] Nur wenige Schwämme bestehen aus Pflanzenfasern, die nach Gebrauch umweltfreundlich in den Biomüll entsorgt werden können.[39] Ein weiterer Gegenstand, in dem Mikroplastik Anwendung findet, ist in Waschmitteln und Weichspülern.[40] Hierbei werden die kleinen Kunststoffteilchen gezielt eingesetzt, um vor allem bei Flüssigwaschmitteln die gewünschte gelartige Konsistenz zu erreichen.[41] Des Weiteren ist Mikroplastik sogar in Kaugummis enthalten, dort sind oftmals sichtbare bunte Mikrogranulate beigemischt, die die Zähne mit ihrer Schleifwirkung weiß machen sollen.[42] In Zahnpasta, die für weiße Zähne stehen soll, werden die winzigen Kunststoffteilchen in derselben Weiße eingesetzt.[43] Mikroplastik findet der Mensch auch bei Kleidung wieder, denn bei den Fleece-Stoffen entsteht Mikroplastik bei jedem Waschgang.[44] Dieses Mikroplastik wird nur zu einem sehr geringen Teil aus dem Abwasser gefiltert und gelangt so schlussendlich in die Weltmee-

---

[32] Vgl. ebd.
[33] Vgl. ebd.
[34] Vgl. ebd.
[35] Vgl. ebd.
[36] Vgl. Dallmus Alexander: Wo ist Mikroplastik drin? Umweltkommissar: Produkte, in denen sich Mikroplastik versteckt, o.O., 2018, https://www.br.de/radio/bayern1/inhalt/experten-tipps/umweltkommissar/wo-ist-mikroplastik-drin-100.html, Rev. 12.02.2019.
[37] Vgl. ebd.
[38] Vgl. ebd.
[39] Vgl. ebd.
[40] Vgl. ebd.
[41] Vgl. ebd.
[42] Vgl. Jötten Frederik: Zahnpflegekaugummis Plastik im Mund, o.O., 2015, http://www.spiegel.de/gesundheit/diagnose/zahnpflegekaugummi-enthaelt-mikrogranulate-und-viel-chemie-a-1022829.html, Rev.12.02.2019.
[43] Vgl. Barendt, Jasmine: Ökologische Zahnpasta ohne Mikroplastik, Triclosan und Aluminium, o.O., o.J., https://www.ecowoman.de/kosmetik/body/mikroplastik-in-zahnpasta-beste-zahnpasta-ohne-plastik-zahnputztabletten-4695, Rev.14.02.2019.
[44] Vgl. Dallmus Alexander: Wo ist Mikroplastik drin? Umweltkommissar: Produkte, in denen sich Mikroplastik versteckt, Rev. 12.02.2019.

re.[45] Die letzte und häufigste Anwendung von Mikroplastik ist in Kosmetikartikeln.[46] Dabei werden allein in Deutschland etwa 922 Tonnen Mikrokunststoffe pro Jahr in Kosmetik verbraucht.[47] Die bekanntesten und gängigsten Kunststoffe sind hierbei die sogenannten Microbeads.[48] Diese kleinen Kunststoffpartikel funktionieren als kleine Schleifmittel um alte Hautschuppen runterzureiben, daher werden sie in Peelings verwendet.[49] Zudem gibt es in Kosmetikartikeln auch Mikroplastik, das wachsartig oder gelartig in einem Produkt gelöst ist.[50] Diese sind oftmals zuständig für die richtige Konsistenz des Fabrikats oder für die Haarfixierung.[51] Dennoch sind diese gelösten Formen des Mikroplastiks genauso schädlich für die Umwelt wie die festen, winzigen Plastikpartikel.[52] Im Duschgel findet der Kunde erneut den gezielten Einsatz von Mikroplastik, das hierbei mithilfe der schleifenden Wirkung das Reinigungsergebnis erhöhen soll.[53]

2.3 Weitere Verwendung von Plastik

Eine enorm wichtige und die umweltfreundlichste Verwendung von Plastik ist Plastik als Bauteile.[54] Dazu zählen Kunststoffe, die in der Baubranche, Automobilindustrie, in elektronischen Geräten, in Spielzeugen, Haushaltsgeräten, Sportgeräten, in Möbel und in der Medizin verwendet werden.[55] Die Bauindustrie besaß 2015 mit 23 Prozent den größten Anteil der Plastikverwendung in Deutschland, der obengenannten Branchen.[56] Dabei sitzt dort Plastik zum Beispiel in Isolierungen für Dächer und Wände, in Kabelummantelungen, Rohren, Kunststoffprofilen und vielem mehr.[57] Bei der Automobilbranche ist Plastik auch ein sehr wichtiger Bestandteil, denn etwa 15 Prozent eines neuen Autos bestehen aus Kunststoffen und die Tendenz steigt.[58] Zudem fallen auf diese Branche rund 10,5 Prozent des gesamten

---

[45] Vgl. ebd.
[46] Vgl. ebd.
[47] Vgl. Hamann, Leandra: Was ist Mikroplastik in Kosmetik?, o.O., 2018, https://www.laborpraxis.vogel.de/was-ist-mikroplastik-in-kosmetik-a-765231/, Rev. 14.02.2019.
[48] Vgl. ebd.
[49] Vgl. Dallmus Alexander: Wo ist Mikroplastik drin? Umweltkommissar: Produkte, in denen sich Mikroplastik versteckt, Rev. 14.02.2019.
[50] Vgl. Hamann, Leandra: Was ist Mikroplastik in Kosmetik?, Rev. 14.02.2019.
[51] Vgl. ebd.
[52] Vgl. ebd.
[53] Vgl. Barendt, Jasmine: Ökologische Zahnpasta ohne Mikroplastik, Triclosan und Aluminium, Rev.14.02.2019
[54] Vgl. Rottwilm, Christoph: Wo in der Industrie am meisten Plastik verbraucht wird, o.O., 2018, http://www.manager-magazin.de/fotostrecke/diese-branchen-verarbeiten-am-meisten-plastik-fotostrecke-160455-2.html, Rev. 05.01.2019.
[55] Vgl. ebd.
[56] Vgl. ebd.
[57] Vgl. ebd.
[58] Vgl. ebd.

Plastikverbrauchs Deutschlands.[59] In Autos sollen diese Kunststoffe zum Beispiel in Form von stabilen Fasern das Auto besser bei Unfällen schützen.[60] Zudem sind diese Kunststoffe leichter als Metalle und machen daher das Gefährt kraftstoffsparender.[61] Sogar sollen in ferner Zukunft die Scheiben eines Automobils aus einem speziellen Kunststoff bestehen, welcher das Auto im Sommer nicht so schnell aufheizt.[62] Somit wird weniger die Klimaanlage benutzt und dadurch Energie gespart.[63] Außerdem besteht auch die Gummimischung der Reifen aus Kunststoffen.[64] Dies führt zu einem weiteren Problem, denn durch den Verschleiß der Reifen gelangt Mikroplastik über den Regen in Abflüsse und schließlich ins Meer.[65] Dieser Anteil an Mikroplastik ist erstaunlich groß.[66] Pro Jahr gelangen in Deutschland etwa 330 000 Tonnen Mikroplastik dadurch in die Natur.[67] Das sind im Durschnitt vier Kilogramm Mikroplastik pro Kopf.[68] Des Weiteren gehen etwa sechs Prozent des verarbeiteten Plastiks auf elektronische Geräte zurück.[69] Denn rund 20 Prozent Plastik enthält ein Elektrogerät heutzutage.[70] Das Problem hierbei ist der Elektroschrott, denn rund 70 Prozent des Schrottes aus den USA und Europa gelangen nach China.[71] Dort gibt es keine staatlichen Auflagen und somit werden diese Geräte einfach im Freien verbrannt, um an die wertvollen Metalle zu gelangen.[72] Dadurch gelangt der stark giftige Rauch, der bei der Verbrennung von Kunststoffen entsteht, ohne Hindernis in die Natur und wird von Menschen und Tieren eingeatmet.[73] Ungefähr drei Prozent des verarbeiteten Plastiks landet in Deutschland in Spielzeugen, Sportgeräten, Haushalts-

---

[59] Vgl. ebd.
[60] Vgl. Merkel, Wolfgang: Immer mehr Plaste und Elaste in Autos verbaut, o.O., 2012, https://www.welt.de/wissenschaft/article13834776/Immer-mehr-Plaste-und-Elaste-in-Autos-verbaut.html, Rev. 05.01.2019.
[61] Vgl. ebd.
[62] Vgl. ebd.
[63] Vgl. ebd.
[64] Vgl. ebd.
[65] Vgl. Sürmenig, Martin, Seidler, Christoph: Der größte Mikroplastik- Verursacher sind Autoreifen, o.O., 2018, http://www.spiegel.de/wissenschaft/mensch/mikroplastik-der-groesste-verursacher-sind-autoreifen-a-1226400.html, Rev. 05.01.2019.
[66] Vgl. Ebd.
[67] Vgl. Stürmenig, Martin, Seidler, Christoph: Der größte Mikroplastik – Verursacher sind Autoreifen, Rev. 05.01.2019.
[68] Vgl. Bühling, Anja: Mehr Mikroplastik durch Autoreifen und Schuhe als durch Kosmetik, o.O., 2018, https://www.br.de/nachrichten/wissen/mehr-mikroplastik-durch-autoreifen-und-schuhe-als-durch-kosmetik,R2gL6F9, Rev.05.01.2018.
[69] Vgl. Rottwilm, Christoph: Wo in der Industrie am meisten Plastik verbraucht wird.
[70] Vgl. o.A.: Flammschutz.Problematik, o.O., o.J., https://www.creacycle.de/de/projekte/elektro-nik-schrott-recycling/elektro-nik-schrott-heute.html, Rev. 30.01.2019.
[71] Vgl. ebd.
[72] Vgl. ebd.
[73] Vgl. ebd.

geräten und Ähnlichen.[74] Bei Kinderplastikspielzeugen ist dies oftmals sehr problematisch, denn diese werden häufig von Kindern in den Mund genommen oder abgeschleckt.[75] Dadurch gelangen oftmals Schadstoffe, wie beispielsweise der gesundheitsschädliche Weichmacher Phthalat in den Körper der Kinder.[76] Dieser steht im Verdacht besonders bei Mädchen das Risiko einer Diabetes Erkrankung enorm zu erhöhen.[77] Ferner wurde laut einer Südkoreanischen Studie, bei Kindern mit erhöhten Phthalat-Wert untypisch oft die Symptome der Aufmerksamkeitsdefizitstörung ADHS erkannt.[78] Eine weitere Branche ist die Möbelindustrie, die in Deutschland einen Anteil von etwa vier Prozent des Plastikverbrauchs aufweist.[79] Hierbei kann mit Plastik eine Verknüpfung zwischen Design und Funktion ermöglicht werden, denn die Hersteller sind in der Lage Kunststoffe unendlich oft zu verformen.[80] Zudem wurden die Kunststoffe für die Möbel im Laufe der Jahre immer weiter verbessert, sodass sie noch stabiler, witterungsbeständiger und kratzfester wurden.[81] Dies alles führte in den 1990er Jahren zu einem regelrechten Kunststoffboom in der Möbelbranche.[82] Zuletzt wird noch rund zwei Prozent des gesamten Plastikverbrauchs in Deutschland für medizinische Zwecke verwendet.[83] In dieser Branche zählen Kunststoffe zu den meist verwendeten Materialen und finden in den verschiedensten Bereichen Anwendung.[84] Dafür gibt es mehrere Gründe: Kunststoffe nehmen keine Gerüche an und sind beständig gegen Wasser und andere Flüssigkeiten.[85] Außerdem sind beispielsweise Spritzen, Infusionsbestecke und Blutkonserven aus Plastik und können nach einmaligem Gebrauch entsorgt werden.[86] Dies ist enorm zeitsparend und geldsparend, denn diese Medizinprodukte müssen nichtmehr aufwendig sterilisiert werden.[87] Des

---

[74] Vgl. Rottwilm, Christoph: Wo in der Industrie am meisten Plastik verbraucht wird.

[75] Vgl. Büttingshaus, Juliane: Plastikzeug Wobei Sie beim Kauf achten sollten, o.O., o.J., https://www.eltern.de/baby/gesundheit-und-ernaehrung/plastik-spielzeug.html, Rev. 30.01.2019.

[76] Redaktion Zentrum der Gesundheit: Phthalate – gefährliche Weichmacher, o.O., 2018, https://www.zentrum-der-gesundheit.de/phthalate-weichmacher-ia.html#toc-frauen-sind-besonders-haufig-mit-phthalaten-belastet, Rev. 30.01.2019.

[77] Vgl. ebd.

[78] Vgl. ebd.

[79] Vgl. Rottwilm, Christoph: Wo in der Industrie am meisten Plastik verbraucht wird.

[80] Vgl. Redaktion Architektur-online: Kunststoff – Das Material der tausend Möglichkeiten, o.O., 2012, http://www.architektur-online.com/kolumnen/design/kunststoff-das-material-der-tausend-moeglichkeiten, Rev. 31.01.2019.

[81] Vgl. ebd.

[82] Vgl. ebd.

[83] Vgl. Rottwilm, Christoph: Wo in der Industrie am meisten Plastik verbraucht wird.

[84] Vgl. Reinhardt, Peter: Kunststoffe in der Medizin: Materialen, Anwendung und Verarbeitung, o.O., 2018, https://www.devicemed.de/kunststoffe-in-der-medizin-materialien-anwendung-und-verarbeitung-a-725299/, Rev. 01.02.2019.

[85] Vgl. ebd.

[86] Vgl. ebd.

[87] Vgl. ebd.

Weiteren sind die Kunststoffe im Medizinbereich nicht gesundheitsbedenklich, denn diese lösen im Gegensatz zu Metallen keine Allergien aus.[88] Dennoch muss bei der Herstellung von medizinischem Plastik beachtet werden, dass keine schädlichen Weichmacher oder andere schädliche Stoffe beigemischt werden.[89] Die Hersteller sind jedoch mit diesen Vorgaben vertraut und so gab es in den letzten Jahren keine Vorfälle, abgesehen vom PIP-Skandal.[90] Dabei verwendete der französische Implantat Hersteller Poly Implant Prothèse (PIP) billigen Industriesilikon anstelle von medizinischen Silikon.[91] Dies hatte bei tausenden deutschen und französischen Frauen Entzündungen im Brustgewebe, in den Lymphknoten und in den Achselhöhlen zur Folge.[92]

3 Maßnahmen gegen Plastik

Um das Plastikproblem einzudämmen gibt es heutzutage schon viele Möglichkeiten und Maßnahmen, die anschließend dargestellt werden.

3.1 Politische Maßnahmen

Die Plastikverschmutzung ist ein Problem, mit dem jeder Staat der Welt zu kämpfen hat.[93] Die politischen Maßnahmen gegen dieses Problem sind jedoch von Staat zu Staat unterschiedlich.[94] So wird in manchen Ländern stark gegen das Plastikproblem vorgegangen und in anderen eher weniger.[95] Im Anschluss sollen die politischen Maßnahmen gegen Plastikmüll am Beispiel der Europäischen Union und den Vereinten Staaten von Amerika genauer untersucht werden.

---

[88] Vgl. ebd.
[89] Vgl. ebd.
[90] Vgl. ebd.
[91] Vgl. ebd.
[92] Vgl. Uhlmann, Berit: Risse, Billig-Silikon und Entzündungen, o.O., 2012, https://www.sueddeutsche.de/gesundheit/wie-gefaehrlich-die-brustimplantate-sind-risse-billig-silikon-und-entzuendungen-1.1253354, Rev. 10.04.2019.
[93] Vgl. Forster, Gioia: Wie die Welt gegen Plastikmüll kämpft, o.O., 2017, http://www.spiegel.de/wissenschaft/natur/wie-die-welt-gegen-plastikmuell-kaempft-a-1180652.html, Rev. 09.03.2019.
[94] Vgl. ebd.
[95] Vgl. ebd.

3.1.1 Beispiel EU

In der gesamten Europäischen Union werden jedes Jahr etwa 26 Millionen Tonnen Plastik-müll produziert.[96] Um diese riesige Menge an Kunststoffabfällen einzudämmen, werden aktu-ell europäische Maßnahmen getroffen,[97] die im Folgenden erörtert werden.

Am 1. Juli 2016 erfolgte eine erste Maßnahme um den hohen Verbrauch an Plastikprodukten in Deutschland zu verringern.[98] Dabei handelte es sich um einen freiwilligen Aufruf des Han-delsverbadens HDE, an große Unternehmen, Plastiktüten nur noch gegen einen geringen Auf-preis auszugeben.[99] Diese Aktion sorgte für großen Zuspruch in der Wirtschaft, sodass sich mehr als 350 deutsche Unternehmen, unter anderem C&A, Media Markt, Saturn und Karstadt daran beteiligten.[100] Dies hatte zur Folge, dass Deutschlandweit der Verbrauch von Plastiktü-ten, über den Zeitraum von einem Jahr um mehr als 33 Prozent gesunken ist, im Vergleich zum Vorjahr.[101] Die Europäische Union plant im Zusammenhang mit Plastiktüten, dass bis zum Jahr 2025 der Verbrauch von Plastiktüten jährlich pro Bürger auf 40 Stück zurückgeht.[102] In Deutschland wurde dieses Ziel schon erreicht, denn der deutsche Bürger verbrauchte im Jahr 2017 im Durschnitt nur 29 Plastiktüten.[103] Jedoch muss beachtet werden, dass hierbei nur Plastiktragtaschen gemeint sind, die beim Einkauf an der Kasse gekauft oder der Kunde noch kostenlos erhält.[104] Somit ist diese Vorgabe der EU lückenhaft, denn Plastiktüten, die zum Beispiel für das Einpacken von Obst und Gemüse im Supermarkt verwendet werden, sind in der europäischen Richtlinie bis 2025 keineswegs berücksichtigt.[105] Im Mai 2018 schlug die Europäische Kommission ein Verbot für Einweggeschirr, Strohhalme, Wattestäbchen und andere Wegwerfartikel aus Plastik vor.[106] Dabei sollten diese Gegenstände untersagt werden,

---

[96]Vgl. Wesel, Babara: EU gegen den Plastikmüll, o.O., 2018, https://www.dw.com/de/eu-gegen-den-plastikm%C3%BCll/a-46021927, Rev. 11.042019.
[97]Vgl. Zips, Martin: EU beschließt Verbot von Einweg-Plastik, o.O., 2018, https://www.sueddeutsche.de/wirtschaft/plastik-plastik-verbot-strohhalm-1.4259269, Rev.11.04.2018.
[98]Vgl. Heckendorf, Katharina: Hilft der Handel der Umwelt?, o.O., 2018, https://www.zeit.de/2018/02/plastiktuete-baumwolle-beutel-umweltschutz-selbstverpflichtung, Rev. 12.04.2019.
[99]Vgl. ebd.
[100] Vgl. Heckendorf, Katharina: Hilft der Handel der Umwelt?, https://www.zeit.de/2018/02/plastiktuete-baumwolle-beutel-umweltschutz-selbstverpflichtung, Rev. 12.04.2019.
[101] Vgl. ebd.
[102] Vgl. ebd.
[103] Vgl. Redaktion Spiegel: Deutsche verbrauchen deutlich weniger Plastiktüten, o.O., 2018, https://www.spiegel.de/wirtschaft/service/plastiktueten-verbrauch-sinkt-deutlich-und-uebertrifft-eu-ziele-a-1211628.html, Rev. 12.04.2019.
[104] Vgl. ebd.
[105] Vgl. ebd.
[106] Vgl. Zips, Martin: EU beschließt Verbot von Einweg-Plastik, https://www.sueddeutsche.de/wirtschaft/plastik-plastik-verbot-strohhalm-1.4259269, Rev. 12.04.2019.

weil es umweltfreundlichere Alternativen gebe und um die Weltmeere mit weniger Plastikmüll zu belasten.[107] Denn laut der EU Kommission sind rund 80 Prozent des sich im Meer befindlichen Mülls aus Plastik.[108] Außerdem soll durch dieses europäische Verbot der Kohlenstoffdioxidausstoß, der bei der Produktion von Plastikartikeln entsteht um 3,4 Millionen Tonnen verringert werden.[109]

Schließlich dauerte es bis zum 19. Dezember 2018, dann gelang es der Europäischen Union das europaweite Verbot für Plastikteller, Plastiktrinkhalme und anderen Wegwerfprodukten aus Kunststoff zu beschließen.[110] Dieses Verbot soll in etwa zwei Jahren in Kraft treten und betrifft vor allem Schnellrestaurants, die aktuell viel auf Plastikeinweggeschirr setzen.[111]

Der Verlierer dieses Verbotes ist natürlich die Kunststoffindustrie, die im Jahr 2015 fast 1,5 Millionen Menschen beschäftigte und einen Umsatz von etwa 340 Milliarden Euro erwirtschafte.[112]

3.1.2 Beispiel USA

Die Vereinten Staaten von Amerika sind weltweit der größte Verbraucher von Plastik.[113] Ein riesiges Problem sind dabei Plastiktüten, von denen jährlich in Amerika etwa 100 Milliarden verbraucht werden.[114] Dieser hohe Verbrauch liegt unter anderem daran, dass die Vereinten Staaten durch moderne Methoden zum größten Öl- und Gasproduzenten der Welt wurden.[115] Dies ist Grundlage für einen billigen Öl- und Gaspreis, der die Plastikproduktion enorm vorantreiben lässt.[116] Außerdem wurde allein durch die Kunststofftüte ein neuer Arbeitsplatz geschaffen, den es in jedem amerikanischen Supermarkt mehrmals gibt.[117] Dabei handelt es

---

[107] Vgl. ebd.
[108] Vgl. ebd.
[109] Vgl. ebd.
[110] Vgl. ebd.
[111] Vgl. ebd.
[112] Vgl. Zips, Martin: EU beschließt Verbot von Einweg-Plastik, https://www.sueddeutsche.de/wirtschaft/plastik-plastik-verbot-strohhalm-1.4259269, Rev. 12.04.2019.
[113] Vgl. Beutelsbacher, Stefan: Die ganze Welt kämpft gegen Plastik – Amerika kämpft dafür, New York, 2018, https://www.welt.de/wirtschaft/article181275328/USA-Bundesstaaten-verbieten-Plastiktueten-Verbote.html, Rev. 22.04.2019.
[114] Vgl. Richter, Sophie: United States of Plastic – Wie Amerikaner die Umwelt verschandeln, Rev. 07.02.2019.
[115] Vgl. Odenwald, Micheal: Die Welt versinkt in Plastik – und die USA machen alles noch schlimmer, o.O., 2019, https://www.focus.de/wissen/natur/umweltkonferenz-die-welt-versinkt-im-plastikmuell-und-die-usa-machen-alles-noch-schlimmer_id_10473076.html, Rev. 22.04.2019.
[116] Vgl. ebd.
[117] Vgl. Beutelsbacher, Stefan: Die ganze Welt kämpft gegen Plastik – Amerika kämpft dafür, Rev. 22.04.2019.

sich um den sogenannten Bagger, der dafür zuständig ist, den gesamten Einkauf in Plastiktüten zu verpacken.[118]

Die politischen Maßnahmen gegen den hohen Plastikverbrauch sind überschaubar und in den Händen der einzelnen Bundesstaaten.[119] Jedoch wird in einzelnen Staaten auch etwas gegen Plastikmüll getan.[120] Am stärksten gehen Hawaii und Kalifornien vor, denn dort sind Einwegplastiktüten komplett verboten. [121] Dies führte am Beispiel der kalifornischen Stadt San Jose dazu, dass die Verstopfung von Gullys um 89 Prozent und der Plastikmüll in Flüssen und Bächen um 60 Prozent abfiel.[122] Vier weitere Bundesstaaten an der Ostküste, darunter New York führten Recyclingprogramme für Plastikmüll ein.[123]

Eine weitere Maßnahme gegen Plastikmüll gibt es in der US-Hauptstadt Washington D.C., dort wurde eine Steuer in Höhe von fünf Cent auf jede Plastiktüte erhoben.[124]

Die Schattenseite ist jedoch, dass es in zehn US-Bundestaaten, darunter Florida, Mississippi und Arizona verboten ist, Plastiktütenverbote zu erlassen.[125] Dort gibt es ein präventives Regulierungsverbot, das in Form eines Paragraphen es unmöglich macht, die Plastiktüte in irgendeine Art anzutasten.[126] In den restlichen Bundesstaaten sind Einwegplastikobjekte weiterhin erlaubt, ohne irgendwelche politischen Einschränkungen.[127]

3.2 Maßnahmen des Verbrauchers

Jeder Deutsche verbraucht jährlich im Durschnitt 37,4 kg Plastik.[128] Um diese riesige Menge einzudämmen, kann jeder Einzelne dagegen Maßnahmen treffen,[129] die im Anschließenden beschrieben werden.

Ein guter Anfang für die Reduzierung des Plastikmülls ist im Badezimmer.[130] Dort sind zum Großteil Einwegplastikbehälter für verschiedene Shampoos, Hautcremes und Conditioners

---

[118] Vgl. ebd.
[119] Vgl. Barth, Susanne: Alle kämpfen gegen Plastik während diese US-Staaten Plastiktüten-Verbote verbieten, o.O., 2018, https://www.bento.de/nachhaltigkeit/usa-verbieten-gesetzlich-verbote-von-plastiktueten-a-00000000-0003-0001-0000-000002785441, Rev. 22.04.2019.
[120] Vgl. ebd.
[121] Vgl. ebd.
[122] Vgl. Beutelsbacher, Stefan: Die ganze Welt kämpft gegen Plastik – Amerika kämpft dafür, New York, 2018, Rev. 22.04.2019.
[123] Vgl. ebd.
[124] Vgl. ebd.
[125] Vgl. ebd
[126] Vgl. ebd.
[127] Vgl. ebd.
[128] Vgl. Bünder, Helmut: Grenzen des Recyclings: Deutschland versinkt im Plastikmüll, Rev. 07.02.2019.
[129] Vgl. McCallum, Will: Wie wir Plastik vermeiden … und einfach die Welt verändern, Berlin, Ullstein, 2018, S.85.

vorhanden.[131] Um dies zu bekämpfen, empfiehlt es sich wiederverwendbare Pumpflasche zu nutzen und diese mit großen fünf bis 10 Liter Behältern aufzufüllen.[132] Eine andere Möglichkeit ist es, feste Seifen und Shampoos zu verwenden, die in einer umweltfreundlichen Kartonverpackung gekauft werden können.[133] Außerdem sollte bei Kosmetikartikeln, Zahnpasta, Sonnencreme und flüssigen Seifen darauf geachtet werden, dass dort keine Mikroperlen aus Plastik vorhanden sind.[134] Der Verbraucher kann dies durch einen Blick auf die Inhaltsliste ermitteln.[135] Dabei sollte diese frei von PE,PP,PET,PMMA,PTFE und Nylon sein.[136]

Ein weiterer sehr wichtiger Aspekt um Plastik einzusparen ist, beim Einkaufen.[137] Dort sollte als erstes auf Plastiktüten verzichtet werden.[138] Dies kann mithilfe von wiederverwendbaren Transportbehältern, wie beispielweise Baumwollbeutel, Rucksäcke und Einkaufskörben erzielt werden.[139] Beim Einkauf sollte der Verbraucher dann auf stark verpackte Plastikprodukte verzichten.[140] So sollte der Kunde beim Einkauf von Obst und Gemüse, lose Produkte kaufen und diese in mitgebrachte Baumwolltüten einpacken.[141]

Des Weiteren ist es plastiksparend Wurst, Fleisch und Käse bei Frischetheken im Supermarkt zu kaufen und diese in Papier oder in einen selbst mitgebrachten Behälter einpacken zu lassen.[142] Bei trockenen Waren, wie beispielsweise Nudeln, Reis und Körner sollten vorwiegend große fünf bis zehn Kilogramm Packungen bei Großhändlern oder im Internet gekauft werden, um Plastik einzusparen.[143]

Eine weitere wichtige Kategorie um Plastikmüll einzusparen, ist Plastik unterwegs zu vermeiden.[144] Dabei sind To-Go Produkte gemeint, die zum Beispiel in Form von Plastikbesteck, Kaffeebecher, Chipstüten oder Plastikflaschen häufig in der Umwelt landen.[145]

Das größte Problem sind hierbei Plastikflaschen, von denen jedes Jahr 500 Millionen verkauft werden, mit steigender Tendenz.[146] Hier empfiehlt es sich eine Mehrwegflasche aus Glas oder

---

[130] Vgl. ebd., S. 93.
[131] Vgl. ebd.
[132] Vgl. ebd., S.94.
[133] Vgl. ebd., S.95.
[134] Vgl. ebd., S.96.
[135] Vgl. McCallum, Will: Wie wir Plastik vermeiden ... und einfach die Welt verändern, S.97.
[136] Vgl. ebd.
[137] Vgl. ebd., S. 125.
[138] Vgl. ebd.
[139] Vgl. ebd.
[140] Vgl. ebd.
[141] Vgl. ebd., S. 128
[142] Vgl. ebd. S.129.
[143] Vgl. ebd., S. 131.
[144] Vgl. ebd., S.144.
[145] Vgl. ebd.

Hartplastik zu benutzen.[147] Diese kann dann bei Gebrauch am Wasserhahn oder mithilfe eines Wassersprudlers, für gewünschte Kohlensäure jeden Tag erneut aufgefüllt werden und somit in einem Jahr bis zu 365 Plastikflaschen einsparen.[148] Ein weiteres problematisches to go Produkt sind Kaffeebecher.[149] Dabei ist nicht nur der Deckel aus Plastik, sondern auch in dem scheinbaren umweltfreundlichen Pappbecher.[150] Dieser besteht zwar außen meist aus Pappe, ist jedoch innen mit einer Kunststoffschicht überzogen und macht ihn dadurch größtenteils unrecyclebar.[151] Eine ganz einfache Alternative hierfür ist ein wiederverwendbarer eigener Becher, der nach Gebrauch gereinigt wird und am nächsten Tag erneut verwendet wird.[152] Diese Mehrwegbecher sind in unterschiedlichen Größen, Farben und Preisklassen in jeder Tankstelle oder häufig in Supermärkten erhältlich.[153] Um Plastik unterwegs einzusparen, sollte der Verbraucher unbedingt auch auf Plastikeinweggeschirr verzichten.[154] Dieses kann einfach durch selbst mitgebrachtes Geschirr von zuhause oder durch praktischeres Campinggeschirr erreicht werden.[155] Abschließend lässt sich sagen, wenn kein Weg um Plastik herumführt, dann sollte dieses wenigstens mit dem internationalen Recyclingsymbol gekennzeichnet sein.[156] Dieses kleine Dreieck, dass aus drei kleinen Pfeilen besteht, besagt, dass dieses Verpackungsplastik in der Lage ist recycelt zu werden.[157]

Abbildung 1: Internationales Recyclingsymbol
Quelle: https://www.recycling.com/wp-
content/uploads/recycling%20symbols/black/Black%
20Recycling%20Symbol%20%28U%2b267B%29.jpg,
Rev. 01.06.2019.

---

[146] Vgl. ebd., S.145.
[147] Vgl. ebd., S.150.
[148] Vgl. ebd., S.151.
[149] Vgl. ebd., S. 154.
[150] Vgl. McCallum, Will: Wie wir Plastik vermeiden … und einfach die Welt verändern, S. 154.
[151] Vgl. ebd.
[152] Vgl. ebd., S.155.
[153] Vgl. ebd.
[154] Vgl. ebd., S.156.
[155] Vgl. ebd.
[156] Vgl. ebd., S. 135.
[157] Vgl. ebd.

3.3 Alternativen zum Plastik

Um den weltweit hohen Plastikverbrauch zu verringern, wurde über Jahre hinweg verschiedenste Alternativen entwickelt, die im Weiteren beschrieben und untersucht werden.

Ein erster Ersatz für herkömmliches Plastik, welches aus Erdöl gewonnen wird, ist Bioplastik.[158] Dieses kann einerseits aus nachwachsenden organischen Stoffen, wie beispielweise aus Maisstärke oder Zucker bestehen oder aus biologisch abbaubaren Kunststoffen.[159] Oft handelt es sich auch bei vielen Kunststoffprodukten, um eine Mischung von Bioplastik und üblichen Plastik, gewonnen aus Erdöl.[160] Diese Mischkunststoffe sind aufgrund des konventionellen Plastikanteils nicht biologisch abbaubar.[161]

Dieses Bioplastik hatte 2016 nur einen Marktanteil von 1,5 Prozent.[162] Auch bis zum Jahr 2020 soll der Biokunststoffanteil nur um maximal drei Prozent ansteigen.[163] Denn hierbei ist problematisch, dass viel Ackerfläche, die eigentlich für den Anbau für Lebensmittel genutzt werden könnte verbraucht wird.[164] Somit lässt sich sagen, dass in vielen Regionen der Erde Menschen hungern müssen und in anderen Teilen werden Lebensmittel und Ackerflächen für Verpackungen vergeudet.[165]

Eine weitere Möglichkeit um Kunststoffmüll einzusparen ist mithilfe von Papier- oder Kartonverpackungen.[166] Positiv ist dabei, dass diese Verpackungen aus nachwachsenden Rohstoffen bestehen.[167] Zudem liegt bei Papier- und Kartonverpackungen die Recyclingquote, bei ungefähr 68 Prozent, das heißt der Großteil dieser Verpackungen besteht aus Altpapier.[168] Bei der Herstellung von Papier- und Kartonverpackungen wird auch Kohlenstoffdioxid ausgestoßen, was aber im Vergleich zu Kunststoffen gering ist.[169] Problematisch sind jedoch Geträn-

---

[158] Vgl. Flatley Annika: Wie Bio ist Bioplastik, o.O., 2016, https://utopia.de/ratgeber/wie-bio-ist-bioplastik/, Rev. 01.05.2019.
[159] Vgl. ebd.
[160] Vgl. ebd.
[161] Vgl. ebd.
[162] Vgl. ebd.
[163] Vgl. ebd.
[164] Vgl. ebd.
[165] Vgl. ebd.
[166] Vgl. o.A., Welche Verpackung ist umweltfreundlicher? Der große Verpackungsvergleich, o.O., o.J., https://www.co2online.de/klima-schuetzen/nachhaltiger-konsum/vergleich-umweltfreundliche-verpackungen/, Rev. 25.05.2019.
[167] Vgl. ebd.
[168] Vgl. ebd.
[169] Vgl. ebd.

kekartons, denn hierbei besteht die Innenwand in den meisten Fällen aus Plastik, welches das Recycling erheblich erschwert.[170]

Zuletzt gibt es noch die Möglichkeit Plastik, mithilfe von Mehrweg-Glasverpackungen einzusparen.[171] Der geläufigste Vertreter ist dabei, die Glasflasche, die es schon über 300 Jahren gibt.[172] Diese ist aufgrund ihrer hohen Wiederverwendungsquote sehr umweltfreundlich.[173] Denn Glasflaschen können bis zu 50-mal wiederverwendet werden.[174] Das führt dazu, dass sie im Vergleich zu Einwegplastikverpackungen nur die Hälfte an Kohlenstoffdioxid pro Flasche verursachen.[175] Aber nicht nur Getränke können in Glas verpackt werden, sondern auch Saucen, Joghurts und eingelegtes Obst und Gemüse.[176] Des Weiteren haben Glasverpackungen den Vorteil, dass sie beliebig oft eingeschmolzen werden können.[177] Deshalb liegt die Recyclingquote bei Glasverpackung auch bei mehr als 60 Prozent.[178]

Ein weiterer Aspekt sind Alternativen zum Plastik, auf die der Verbraucher in ein paar Jahren stoßen wird. Dabei wäre eine Variante für Einwegplastikbesteck, essbares Besteck aus rein veganen Inhaltstoffen.[179] Solches Besteck wird bereits von einer indischen Firmen in verschiedenen Ausführungen, aus Weizen, Hirse oder Reis angeboten.[180] Eine weitere Möglichkeit um die enormen Mengen an Einwegplastikflaschen zu vermindern, sind Flaschen aus Algen.[181] Diese hundertprozentige biologisch abbaubare Flasche wird mithilfe des Pulvers der roten Alge gewonnen.[182] Solange diese Flasche mit Wasser gefüllt ist, behält sie ihre Form, ist sie leer fängt sie an zu verrotten[183], was die folgende Abbildung deutlich macht:

---

[170] Vgl. o.A., Welche Verpackung ist umweltfreundlicher? Der große Verpackungsvergleich, o.O., o.J., https://www.co2online.de/klima-schuetzen/nachhaltiger-konsum/vergleich-umweltfreundliche-verpackungen/, Rev. 25.05.2019.
[171] Vgl. ebd.
[172] Vgl. ebd.
[173] Vgl. ebd.
[174] Vgl. ebd.
[175] Vgl. o.A., Welche Verpackung ist umweltfreundlicher? Der große Verpackungsvergleich, https://www.co2online.de/klima-schuetzen/nachhaltiger-konsum/vergleich-umweltfreundliche-verpackungen/, Rev. 25.05.2019.
[176] Vgl. ebd.
[177] Vgl. ebd.
[178] Vgl. ebd.
[179] Vgl. Bürzer, Laura: Das hier sind die fünf Alternativen zu Plastik, o.O., 2016, https://www.galileo.tv/earth-nature/das-hier-sind-die-fuenf-alternativen-zu-plastik/, Rev. 27.05.2019.
[180] Vgl. ebd.
[181] Vgl. ebd.
[182] Vgl. ebd.
[183] Vgl. ebd.

Abbildung 2: Zersetzung biologisch abbaubarer Wasserflasche
Quelle: https://www.galileo.tv/app/uploads/2016/03/algae-water-
bottle-by-ari-jonsson-designmarch_dezeen_ban.jpg, Rev. 28.05.2019.

Um Plastik, speziell im Supermarkt zu vermeiden, gibt es seit neustem eine Folie aus Milch-
säurebakterien, die die Kunststofffolie um Lebensmittel einsparen soll.[184] Diese Folie ist luft-
undurchlässiger und strapazierbarer als herkömmliches Plastik aus Erdöl.[185] Der größte Vorteil ist jedoch, dass diese Verpackungsfolie aus unbegrenzten Ressourcen besteht.[186]

4 Auswirkungen von Plastik

Von der Herstellung bis zum Plastikmüll, der dann in der Mülltonne oder einfach in der Umwelt landet, wirkt sich Plastik auf die verschiedensten Bereiche aus. Im Nachfolgenden sollen
die wichtigsten Auswirkungen von Plastik erörtert werden.

4.1 Menschliche Gesundheit

Der Mensch ist ständig im Kontakt mit Plastik, von Lebensmittelverpackungen bis zu Kosmetikartikeln. Doch wie wirkt sich dieses Plastik auf die menschliche Gesundheit aus? 2018 haben österreichische Forscher erstmals Plastik in menschlichen Stuhlproben nachgewiesen.[187]
Denn in Duschgels, Zahnpasta und anderen Kosmetikartikeln befindet sich Mikroplastik, das
über das Abwasser in Kläranlagen gelangt, wo es nicht hinausgewaschen werden kann.[188]
Somit gelangt das Mikroplastik über das Trinkwasser oder über gegessene Meerestiere in den

---

[184] Vgl. Bürzer, Laura: Das hier sind die fünf Alternativen zu Plastik, o.O., 2016, https://www.galileo.tv/earth-nature/das-hier-sind-die-fuenf-alternativen-zu-plastik/, Rev. 27.05.2019.
[185] Vgl. ebd.
[186] Vgl. ebd.
[187] Vgl. Uschi, Jonas: Forscher weißen erstmals Plastik im Körper nach: So schützt ihr euch, o.O., 2018, https://www.focus.de/wissen/mensch/panorama-forscher-weisen-erstmals-plastik-im-koerper-nach-so-schuetzt-ihr-euch_id_9792783.html, Rev. 07.03.2019.
[188] Vgl. ebd.

menschlichen Körper.[189] Bei der Studie der Medizinischen Universität Wien wurde bei allen acht Teilnehmern Kunststoffpartikel im Stuhl nachgewiesen.[190] Dabei gelang es den Forschern neun verschiedene Kunststoffarten von 50 bis 500 Mikrometern nachzuweisen.[191] Untersuchungen ergaben, dass am häufigsten die Kunststoffe Polypropylen (PP) und Polyethylenterephthalat (PET) in den Proben vorkamen.[192] Zudem lebten alle acht Testpersonen, die zwischen 33 und 65 Jahre alt waren, auf verschiedenen Kontinenten und nahmen eine Woche zuvor Essen und Trinken aus Plastikverpackungen zu sich.[193] Jedoch sind die Auswirkungen von Plastik im menschlichen Körper noch nicht genau erforscht und das Wissen darüber ist noch sehr lückenhaft.[194] Dabei sind die ersten Ergebnisse über Plastik in unserem Körper nicht positiv, denn vor allem Phthalate (Weichmacher) in Kosmetikartikeln sind besonders problematisch für die menschliche Gesundheit.[195] Denn diese stehen laut Umweltbundesamt und University of California im Verdacht Asthma, Krebs, Allergien und Gehirnstörungen zu verursachen.[196] Außerdem weisen diese kleinsten Plastikpartikel ein weiteres Problem auf, denn diese Partikel nehmen Giftstoffe leicht auf und befördern diese somit in den menschlichen Körper.[197] Letztendlich lässt sich sagen, dass noch sehr vieles unklar über die Auswirkungen von Plastik auf die menschliche Gesundheit ist, da es noch an großen Studien über einen langen Zeitraum fehlt.[198]

4.2 Natur

Eine sehr große Problematik ist Plastikmüll, der in den Meeren landet.[199] Dabei haben Menschen schon immer ihre Abfälle ins Meer gekippt, wie beispielsweise Holz, Speisereste, Papier und vieles mehr.[200] Davon wurde das meiste von Mikroorganismen abgebaut.[201] Dagegen

---

[189]Vgl. Redaktion MDR: Erstmals Mikroplastik im menschlichen Stuhl nachgewiesen, o.O., 2018, https://www.mdr.de/wissen/umwelt/mikroplastik-im-menschlichen-stuhl-nachgewiesen-100.html, Rev.07.03.2019.
[190] Vgl. ebd.
[191] Vgl. ebd.
[192] Vgl. ebd.
[193] Vgl. ebd.
[194] Vgl. ebd.
[195] Vgl. Uschi Jonas: Forscher weißen erstmals Plastik im Körper nach: So schützt ihr euch, Rev. 07.03.2019.
[196] Vgl. ebd.
[197] Vgl. ebd.
[198] Vgl. ebd.
[199] Vgl. Pretting, Gehard und Boote Werner: Plastic Planet – Die dunkle Seite der Kunststoffe, Freiburg, ornagepress, 2014, S. 66.
[200] Vgl. ebd., S, 67.
[201] Vgl. ebd.

sind Kunststoffe jedoch praktisch unverrottbar[202] und benötigen mehrere Jahrhunderte bis sie vollständig abgebaut sind.[203] Sie werden nur durch die Einflüsse von Sonne, Steinen, Wasser und der Wellenbewegung in immer kleinere Teilchen, bis hin zu feinem Plastikpulver zermahlen.[204] Dieses Pulver liegt dann fast gelöst im Wasser vor und enthält viele giftige und krebserregende Stoffe.[205]

Ein weiterer Punkt ist, dass laut der Meeresschutzorganisation Oceana weltweit stündlich etwa 675 Tonnen Müll direkt ins Meer geworfen werden, wobei die Hälfte aus Plastik besteht.[206] Dieser Plastikmüll erreicht schließlich durch die Meeresströmung Gebiete, die bisher noch vom Menschen als unangetastet galten, wie beispielsweise die Antarktis.[207]

Das von Menschen verursachte Plastikproblem betrifft auch die Tierwelt sehr stark, vor allem die Meeresbewohner.[208] Diese Gegenden, die von den Menschen zugemüllt werden, sind viel mehr als schöne Landschaften.[209] Sie sind Lebensraum und Rückzugsort einzigartiger, empfindlicher und faszinierender Lebewesen in komplexen Ökosystemen.[210] Diese Tiere sind schon ansteigend durch den vom Menschen verursachten Klimawandel bedroht und werden nun durch die Plastikverschmutzung zunehmend gefährdet.[211] Ein erschreckendes Beispiel dafür sind Seevögel, bei denen laut einer australischen Wissenschaftsgruppe, in mehr als 90 Prozent Plastikfragmente in ihren Eingeweiden nachgewiesen wurde.[212] Auch andere Tiere, wie Schildkröten, die im Meer Plastiktüten mit Quallen verwechseln oder riesige Wale, die den menschlichen Kunststoffmüll zusammen mit Tintenfischen fressen.[213]

Außerdem ist sehr problematisch, dass die kleinsten Meeresbewohner, die das vorhin angesprochene Plastikpulver und dessen Gifte aufnehmen nicht ausscheiden können.[214] Diese werden dann von höher entwickelten Lebewesen gefressen und wandern somit langsam die Nahrungskette hinauf bis sie schließlich bei den Menschen angelangt sind.[215]

---

[202] Vgl. ebd.
[203] Vgl. McCallum, Will: Wie wir Plastik vermeiden … und einfach die Welt verändern., S. 48.
[204] Vgl. Pretting, Gehard und Boote Werner: Plastic Planet – Die dunkle Seite der Kunststoffe, S. 67.
[205] Vgl. ebd., S. 68.
[206] Vgl. ebd.
[207] Vgl. ebd.
[208] Vgl. McCallum, Will: Wie wir Plastik vermeiden … und einfach die Welt verändern., S.46.
[209] Vgl. ebd.
[210] Vgl. ebd.
[211] Vgl. ebd., S. 47.
[212] Vgl. ebd., S.48.
[213] Vgl. ebd.
[214] Vgl. Pretting, Gehard und Boote Werner: Plastic Planet – Die dunkle Seite der Kunststoffe, S. 68.
[215] Vgl. ebd.

Ein weiteres und offensichtliches Problem ist, dass sich viele Meerestiere in den Kunststoffabfällen verfangen.[216] Durchaus problematisch ist dies für Jungtiere, vorwiegend für Robben,
denn diese verfangen sich dort in Plastikschnüren oder in verloren gegangenen Fischernet-
zen.[217] Dies führt oftmals zu schweren Verletzungen schon im jungen Alter.[218]

Ein weiteres schlimmes Problem für die Natur ist, dass Plastikmüll heutzutage auch oft einfach in riesigen Löchern vergraben wird.[219] So gibt es beispielsweise auf den Malediven eine
reine Müllinsel, auf der rund 330 Tonnen Touristenabfälle täglich verbuddelt werden.[220] Diese
Art der Müllentsorgung gibt es aber auch in Europa, denn auch die italienische Metropole
Neapel versinkt wörtlich im Müll.[221] Im Kampf dagegen wird der Müll, der zum Großteil aus
Plastik besteht, abgeholt und im Hinterland Neapels vergraben.[222] Das führt zur Verunreini-
gung des Grundwassers, die besonders bei Schafen zum Tod führen kann.[223]   Bei den
überlebenden Schafen hingegen ist ihre Milch voll mit Dioxin, das zu weiteren Missbildungen
der Jungtiere führt.[224] Das hat zur Folge, dass ganze Schafherden umgebracht werden müssen,
weil diese schwer krank sind und ihr Fleisch und Milch nicht exportiert werden dürfen.[225]

5 Zukunftsperspektiven

Die Plastikmüllproblematik wird auch in den kommenden Jahren an Wichtigkeit gewinnen,
die im Folgenden erläutert werden soll. Aktuell gelangt etwa jede Minute die Menge eines
ganzen Müllwagens, gefüllt mit Plastikmüll in die Ozeane.[226] Diese Menge soll sich jedoch
bis zum Jahr 2030 verdoppeln und sogar bis 2050 vervierfachen.[227] Dies geht aus der Studie
der Ellen McArthur Foundation hervor, die vom Weltwirtschaftsforum veranlasst wurde.[228]

---

[216] Vgl. McCallum, Will: Wie wir Plastik vermeiden … und einfach die Welt verändern., S.48.
[217] Vgl. ebd.
[218] Vgl. ebd.
[219] Vgl. Pretting, Gehard und Boote Werner: Plastic Planet – Die dunkle Seite der Kunststoffe, S. 74.
[220] Vgl. ebd.
[221] Vgl. ebd., S.75.
[222] Vgl. Pretting, Gehard und Boote Werner: Plastic Planet – Die dunkle Seite der Kunststoffe., S.75.
[223] Vgl. ebd., S. 78.
[224] Vgl. ebd.
[225] Vgl. ebd.
[226] Vgl. Redaktion Zeit Online: In 35 Jahren mehr Plastik als Fische im Meer, o.O., 2016,
https://www.zeit.de/wissen/umwelt/2016-01/plastik-umweltverschmutzung-meer-studie-weltwirtschaftsforum,
Rev. 31.05.2019.
[227] Vgl. ebd.
[228] Vgl. ebd.

Laut Berechnungen dieser Forschung sind zurzeit circa 150 Millionen Tonnen Plastik in den Weltmeeren vorhanden, was etwa 20 Prozent des Gewichtes aller Fische entspricht.[229] Bereits 2025 soll dieses Gewicht auf ungefähr 33 Prozent der gesamten Fische ansteigen.[230] Bis hin zum Jahr 2050, dann soll das Gewicht des Plastikmülles, das der Fische übertreffen.[231] Ein positiver Ausblick auf die Zukunft ist jedoch die Recyclingquote von Plastikmüll.[232] Diese soll von aktuell 16 Prozent, bis zum Jahr 2030 weltweit um fast 34 Prozent ansteigen.[233] Dies wird bedingt durch eine moderne Chemieindustrie, die es mithilfe von technologischen Fertigkeiten ermöglicht, gut recycelbare Kunststoffe zu fertigen.[234] Das hat wiederrum die Konsequenz, dass weniger Plastik unkontrolliert entsorgt wird oder auf Deponien verbrannt wird.[235] Speziell in Deutschland wird die Recyclingquote von aktuell 22 Prozent auf fast 65 Prozent ansteigen und somit deutlich über dem weltweiten Durschnitt liegen.[236]

6 Fazit

Im nachfolgenden Fazit sollen die Kernaussagen der Hausarbeit zusammengefasst werden und die Leitfrage der Arbeit beantwortet werden.

Aus der Verwendung von Plastik lässt sich sagen, dass Kunststoffe uns in fast jedem Bereich unseres alltäglichen Lebens begegnen. Das Problem sind hierbei nicht Plastikgegenstände, die in der Automobilbranche, elektronischen Geräten oder in Haushaltsgeräten verwendet werden. Die hauptsächliche Problematik sind Verpackungs- und Einwegkunststoffe, die in den meisten Fällen einfach durch umweltfreundliche Alternativen oder durch Mehrwegprodukte ersetzt werden können. Denn nur ein kleiner Teil der Einwegprodukte wird umweltgerecht recycelt, der überwiegende Rest wird verbrannt und trägt dabei deutlich zum Klimawandel bei oder wird rücksichtslos in die Umwelt geschmissen und wird dort zum Verhängnis für Natur und Tierwelt. Die politischen Maßnahmen gegen das Plastikproblem sind dabei von Land zu Land unterschiedlich, doch generell gilt, dass viel zu wenig von politischer Seite aus dagegen gemacht wird. Sehr problematisch sind hierbei die Vereinten Staaten von Amerika, die welt-

---

[229] Vgl. ebd.
[230] Vgl. ebd.
[231] Vgl. ebd.
[232] o.A.: 2030 wird es weltweit 80 Prozent mehr Plastikmüll geben als heute, o.O., 2018, http://www.sonnenseite.com/de/umwelt/2030-wird-es-weltweit-80-prozent-mehr-plastikmuell-geben-als-heute.html, Rev. 31.05.2019.
[233] Vgl. ebd.
[234] Vgl. ebd.
[235] Vgl. ebd.
[236] Vgl. ebd.

weit den größten Plastikverbrauch pro Einwohner haben. Dort wird nur in wenigen Staaten aktiv gegen das Plastikproblem vorgegangen und in zehn anderen Staaten wird sogar per Gesetz die Verwendung von Plastiktüten langfristig garantiert. Unter den Konsequenzen des weltweit hohen Plastikverbrauchs leiden nicht nur die Tiere, die die Plastikabfälle mitfressen, sondern auch der Mensch, der Mikroplastik im Trinkwasser, im Fleisch der Tiere oder durch in Plastik abgepackte Lebensmittel wiederaufnimmt.

Daraus lässt sich schließen, dass es sich hierbei um einen Teufelskreis handelt: Durch den Menschen gelangen Plastikabfälle in die Umwelt, Tiere oder das Trinkwasser nehmen Mikroplastik auf und letzten Endes isst der Mensch diese Tiere oder trinkt das Wasser und nimmt das Mikroplastik in seinen Körper auf. Über diese Auswirkungen von Plastik in dem menschlichen Körper ist wenig Gewiss, jedoch lässt sich schon aus ersten Studien nichts Positives schließen, dagegen eher schwere Krankheiten und noch viele unabsehbare Folgen. Auch in den nächsten 30 Jahren wird der Plastikkonsum vermutlich weiter stark ansteigen und komplexe Ökosysteme und Tiere weiter zurücktrennen.

Abschließend lässt sich sagen, dass Plastik von der Produktion bis zum langandauernden Verfall in Mikroplastik, einen vielfältigen und einzigartigen Planeten, samt Bewohner nach und nach zerstört. Denn nicht nur die Gesundheit der Menschen steht stark in Gefahr, sondern auch der Beitrag zum Klimawandel von Plastik ist unumstritten. Die Menschen, vor allem in den Industrieländern müssen ihr Lebensstil ändern und weg von einer Wegwerfgesellschaft kommen, um unseren einzigartigen Planeten zukünftig zu bewahren.

Abbildungsverzeichnis

Literaturverzeichnis

Internetquellen:

1. Barendt, Jasmine: Ökologische Zahnpasta ohne Mikroplastik, Triclosan und Aluminium, o.O., o.J., https://www.ecowoman.de/kosmetik/body/mikroplastik-in-zahnpasta-beste-zahnpasta-ohne-plastik-zahnputztabletten-4695, Rev.14.02.2019.

2. Barth, Susanne: Alle kämpfen gegen Plastik während diese US-Staaten Plastiktüten-Verbote verbieten, o.O., 2018, https://www.bento.de/nachhaltigkeit/usa-verbieten-gesetzlich-verbote-von-plastiktueten-a-00000000-0003-0001-0000-000002785441, Rev. 22.04.2019.

3. Beutelsbacher, Stefan: Die ganze Welt kämpft gegen Plastik – Amerika kämpft dafür, New York, 2018, https://www.welt.de/wirtschaft/article181275328/USA-Bundesstaaten-verbieten-Plastiktueten-Verbote.html, Rev. 22.04.2019.

4. Bühling, Anja: Mehr Mikroplastik durch Autoreifen und Schuhe als durch Kosmetik, o.O., 2018, https://www.br.de/nachrichten/wissen/mehr-mikroplastik-durch-autoreifen-und-schuhe-als-durch-kosmetik,R2gL6F9, Rev.05.01.2018.

5. Bünder, Helmut: Grenzen des Recyclings: Deutschland versinkt im Plastikmüll, o.O., 2018, https://www.faz.net/aktuell/wirtschaft/deutschland-versinkt-im-plastikmuell-15374075.html, Rev. 07.02.2019.

6. Bürzer, Laura: Das hier sind die fünf Alternativen zu Plastik, o.O., 2016, https://www.galileo.tv/earth-nature/das-hier-sind-die-fuenf-alternativen-zu-plastik/, Rev. 27.05.2019.

7. Büttingshaus, Juliane: Plastikzeug Wobei Sie beim Kauf achten sollten, o.O., o.J., https://www.eltern.de/baby/gesundheit-und-ernaehrung/plastik-spielzeug.html, Rev. 30.01.2019.

8. Dallmus Alexander: Wo ist Mikroplastik drin? Umweltkommissar: Produkte, in denen sich Mikroplastik versteckt, o.O., 2018, https://www.br.de/radio/bayern1/inhalt/experten-tipps/umweltkommissar/wo-ist-mikroplastik-drin-100.html, Rev. 12.02.2019.

9. Flatley, Annika: Was ist Mikroplastik – Eine Definition?, o.O., 2018, https://utopia.de/ratgeber/was-ist-mikroplastik-definition/, Rev. 10.02.2019.

10. Flatley Annika: Wie Bio ist Bioplastik, o.O., 2016, https://utopia.de/ratgeber/wie-bio-ist-bioplastik/, Rev. 01.05.2019.

11. Focus Redaktion: Immer mehr Plastikabfälle: Weil China ihn nicht mehr nimmt: Deutschland erstickt im Plastikmüll, o.O., 2018, https://www.focus.de/finanzen/news/plastikmuell-deutschland-erstickt-im-plastikmuell_id_8943516.html, Rev. 07.02.2019.

12. Forster, Gioia: Wie die Welt gegen Plastikmüll kämpft, o.O., 2017, http://www.spiegel.de/wissenschaft/natur/wie-die-welt-gegen-plastikmuell-kaempft-a-1180652.html, Rev. 09.03.2019.

13. Hamann, Leandra: Was ist Mikroplastik in Kosmetik?, o.O., 2018, https://www.laborpraxis.vogel.de/was-ist-mikroplastik-in-kosmetik-a-765231/, Rev. 14.02.2019.

14. Helmich, Ulrich: Was sind Kunststoffe?, o.O., 2019, http://www.u-helmich.de/che/Q2/kunststoffe/kunststoffe-01.html, Rev.04.01.2019.

15. Jahberg, Heike: Die USA prassen mit Plastik, Europa spart, o.O., 2018, https://www.tagesspiegel.de/wirtschaft/plastiktueten-plastikbecher-plastikbesteck-die-usa-prassen-mit-plastik-europa-spart/22763440.html, Rev. 09.02.2019.

16. Jötten, Frederik: Zahnpflegekaugummis Plastik im Mund, o.O., 2015, http://www.spiegel.de/gesundheit/diagnose/zahnpflegekaugummi-enthaelt-mikrogranulate-und-viel-chemie-a-1022829.html, Rev.12.02.2019.

17. Merkel, Wolfgang: Immer mehr Plaste und Elaste in Autos verbaut, o.O., 2012, https://www.welt.de/wissenschaft/article13834776/Immer-mehr-Plaste-und-Elaste-in-Autos-verbaut.html, Rev. 05.01.2019.

18. o.A.: 2030 wird es weltweit 80 Prozent mehr Plastikmüll geben als heute, o.O., 2018, http://www.sonnenseite.com/de/umwelt/2030-wird-es-weltweit-80-prozent-mehr-plastikmuell-geben-als-heute.html, Rev. 31.05.2019.

19. o.A.: Flammschutz.Problematik, o.O., o.J., https://www.creacycle.de/de/projekte/elektro-nik-schrott-recycling/elektro-nik-schrott-heute.html, Rev. 30.01.2019.

20. o.A., Welche Verpackung ist umweltfreundlicher? Der große Verpackungsvergleich, o.O., o.J., https://www.co2online.de/klima-schuetzen/nachhaltiger-konsum/vergleich-umweltfreundliche-verpackungen/, Rev. 25.05.2019.

21. Odenwald, Micheal: Die Welt versinkt in Plastik – und die USA machen alles noch schlimmer, o.O., 2019, https://www.focus.de/wissen/natur/umweltkonferenz-die-welt-versinkt-im-plastikmuell-und-die-usa-machen-alles-noch-schlimmer_id_10473076.html, Rev. 22.04.2019.

22. Redaktion Architektur-online: Kunststoff – Das Material der tausend Möglichkeiten, o.O., 2012, http://www.architektur-online.com/kolumnen/design/kunststoff-das-material-der-tausend-moeglichkeiten, Rev. 31.01.2019.

23. Redaktion MDR: Erstmals Mikroplastik im menschlichen Stuhl nachgewiesen, o.O., 2018, https://www.mdr.de/wissen/umwelt/mikroplastik-im-menschlichen-stuhl-nachgewiesen-100.html, Rev.07.03.2019.

24. Redaktion Nabu: 350 000 Tonnen Abfall allein durch Einwegprodukte, o.O., o.J., https://www.nabu.de/news/2018/10/25298.html, Rev. 07.02.2019.

25. Redaktion SimplyScience: Was ist eigentlich Plastik? O.O., 2014 https://m.simplyscience.ch/kids-zahlen-technik/articles/was-ist-eigentlich-plastik.html?_locale=de, Rev. 04.01.2019.

26. Redaktion Zeit Online: In 35 Jahren mehr Plastik als Fische im Meer, o.O., 2016, https://www.zeit.de/wissen/umwelt/2016-01/plastik-umweltverschmutzung-meer-studie-weltwirtschaftsforum, Rev. 31.05.2019.

27. Redaktion Zentrum der Gesundheit: Phthalate – gefährliche Weichmacher, o.O., 2018, https://www.zentrum-der-gesundheit.de/phthalate-weichmacher-ia.html#toc-frauen-sind-besonders-haufig-mit-phthalaten-belastet, Rev. 30.01.2019.

28. Reinhardt, Peter: Kunststoffe in der Medizin: Materialen, Anwendung und Verarbeitung, o.O., 2018, https://www.devicemed.de/kunststoffe-in-der-medizin-materialien-anwendung-und-verarbeitung-a-725299/, Rev. 01.02.2019.

29. Richter, Sophie: United States of Plastic – Wie Amerikaner die Umwelt verschandeln, o.O., 2017, https://orange.handelsblatt.com/artikel/33993, Rev. 07.02.2019.

30. Rottwilm, Christoph: Wo in der Industrie am meisten Plastik verbraucht wird, o.O., 2018, http://www.manager-magazin.de/fotostrecke/diese-branchen-verarbeiten-am-meisten-plastik-fotostrecke-160455-2.html, Rev. 05.01.2019.

31. Schulz, Christoph: Plastikmüll, Zahlen, Fakten & Studien 2017/2018, o.O., 2018, https://www.careelite.de/plastik-muell-fakten/, Rev. 07.02.2019.

32. Scott, Belcher: Was ist Plastik? O.O., o.J., http://www.plastic-planet.de/hintergrund.html, Rev. 04.01.2009.

33. Sürmenig, Martin, Seidler, Christoph: Der größte Mikroplastik- Verursacher sind Autoreifen, o.O., 2018, http://www.spiegel.de/wissenschaft/mensch/mikroplastik-der-groesste-verursacher-sind-autoreifen-a-1226400.html, Rev. 05.01.2019.

34. Uhlmann, Berit: Risse, Billig-Silikon und Entzündungen, o.O., 2012, https://www.sueddeutsche.de/gesundheit/wie-gefaehrlich-die-brustimplantate-sind-risse-billig-silikon-und-entzuendungen-1.1253354, Rev. 10.04.2019.

35. Uschi, Jonas: Forscher weißen erstmals Plastik im Körper nach: So schützt ihr euch, o.O., 2018, https://www.focus.de/wissen/mensch/panorama-forscher-weisen-erstmals-plastik-im-koerper-nach-so-schuetzt-ihr-euch_id_9792783.html, Rev. 07.03.2019.

36. Wesel, Babara: EU gegen den Plastikmüll, o.O., 2018, https://www.dw.com/de/eu-gegen-den-plastikm%C3%BCll/a-46021927, Rev. 11.042019.

37. Zips, Martin: EU beschließt Verbot von Einweg-Plastik, o.O., 2018, https://www.sueddeutsche.de/wirtschaft/plastik-plastik-verbot-strohhalm-1.4259269, Rev.11.04.2018.

Druckwerke:

38. Corell, Ida-Marie: Alltagsobjekt Plastiktüte, Wien, SpringerWienNewYork, 2011.

39. McCallum, Will: Wie wir Plastik vermeiden … und einfach die Welt verändern, Berlin, Ullstein, 2018.

40. Pretting, Gehard und Boote Werner: Plastic Planet – Die dunkle Seite der Kunststoffe, Freiburg, orange-press, 2014.

41. Pütz, Jean: Der Plastik-Report Schöne neue Kunststoffwelt?, Köln, VGS, 1989.